MY FIRST SENTENCES

Writing Practice and Activity Pages

Nola Lee Kelsey

Soggy Nomad Press

514 AMERICAS WAY
STE: 17697
BOX ELDER, SD 57719

ISBN: 978-1-957532-05-9

Cover design by Nola Lee Kelsey

ABCDEFGHIJKLM

MY
NAME
IS

NOPQRSTUVWXYZ

Trace the line to help the ant get to the cupcake.

Ant

Aa Aa Aa Aa Aa

a a a a a a a a a

The ant is small.

A A A A A A A A A A

Ants are small.

Trace the line to help the bee fly to all the flowers

Bee

Bb Bb Bb Bb Bb

b b b b b b b b

The bee can fly

B B B B B B B B

Bees can fly.

Trace the letters to learn each cat's name.

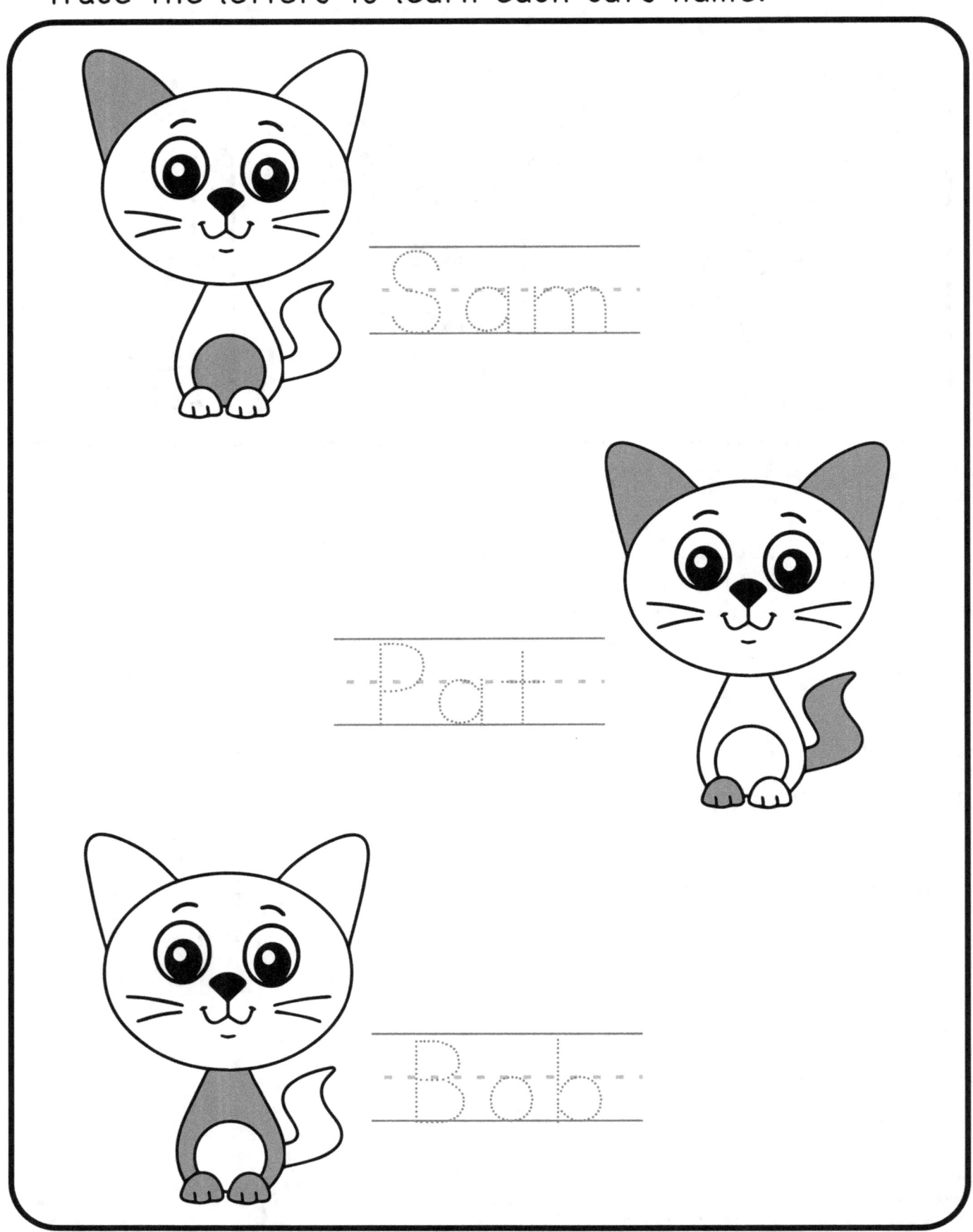

Sam

Pat

Bob

Cat

C c C c C c C c C c

c c c c c c c c c c

The cat is funny.

C c C c C c C c C c

Cats are funny

Trace the letters to see what Spot the dog needs.

Bowl

House

Friend

Dog

Dd Dd Dd Dd Dd

d d d d d d d

The dog likes bones

D D D D D D D

Dogs like bones

 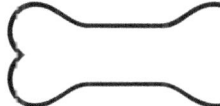 

Count the eagles. Trace the letters to write numbers.

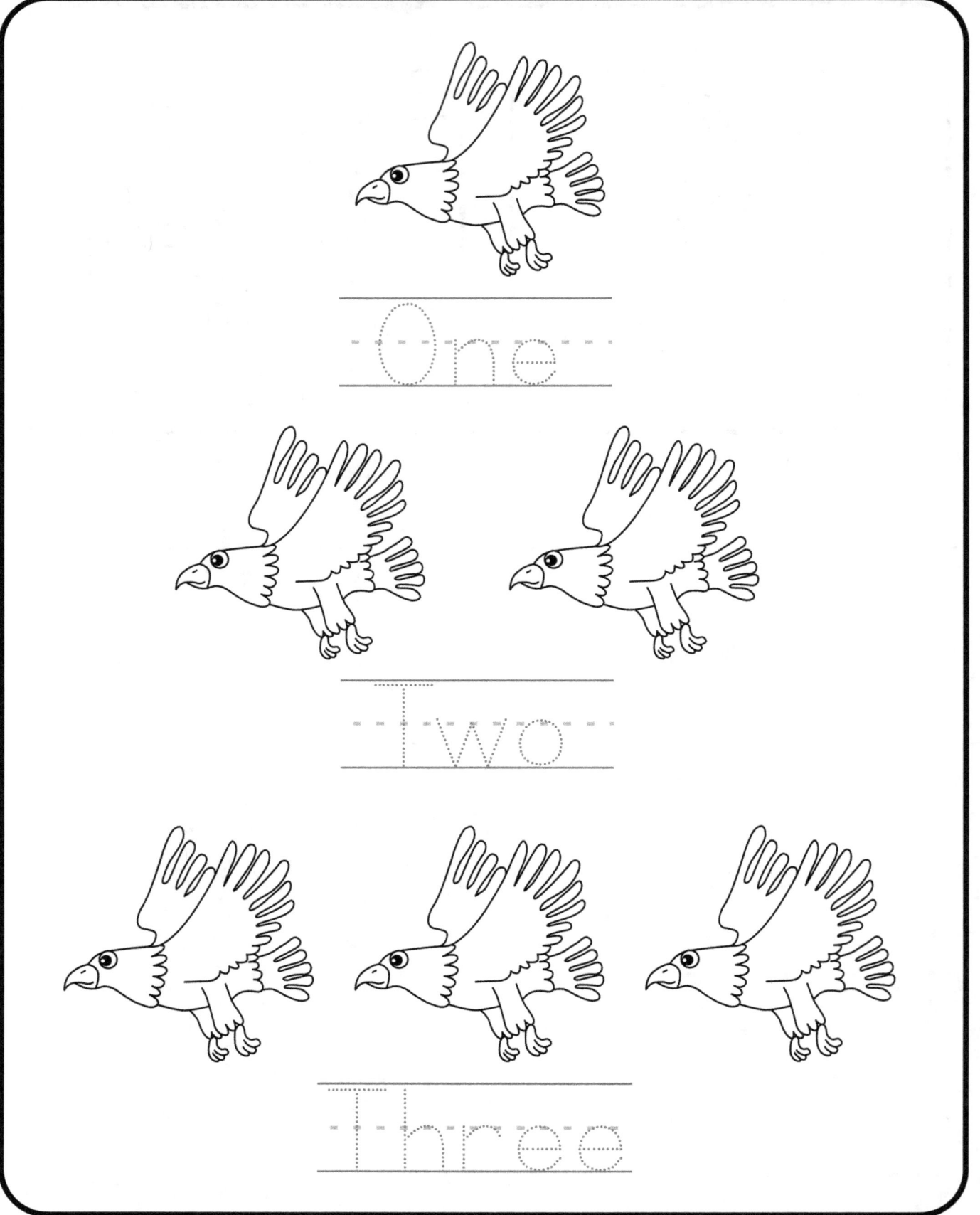

One

Two

Three

Eagle

Ee Ee Ee Ee Ee Ee

e e e e e e e e e

The eagle has wings

F F F F F F F F F F F

Eagles have wings

Count the frogs. Trace the letters to write numbers.

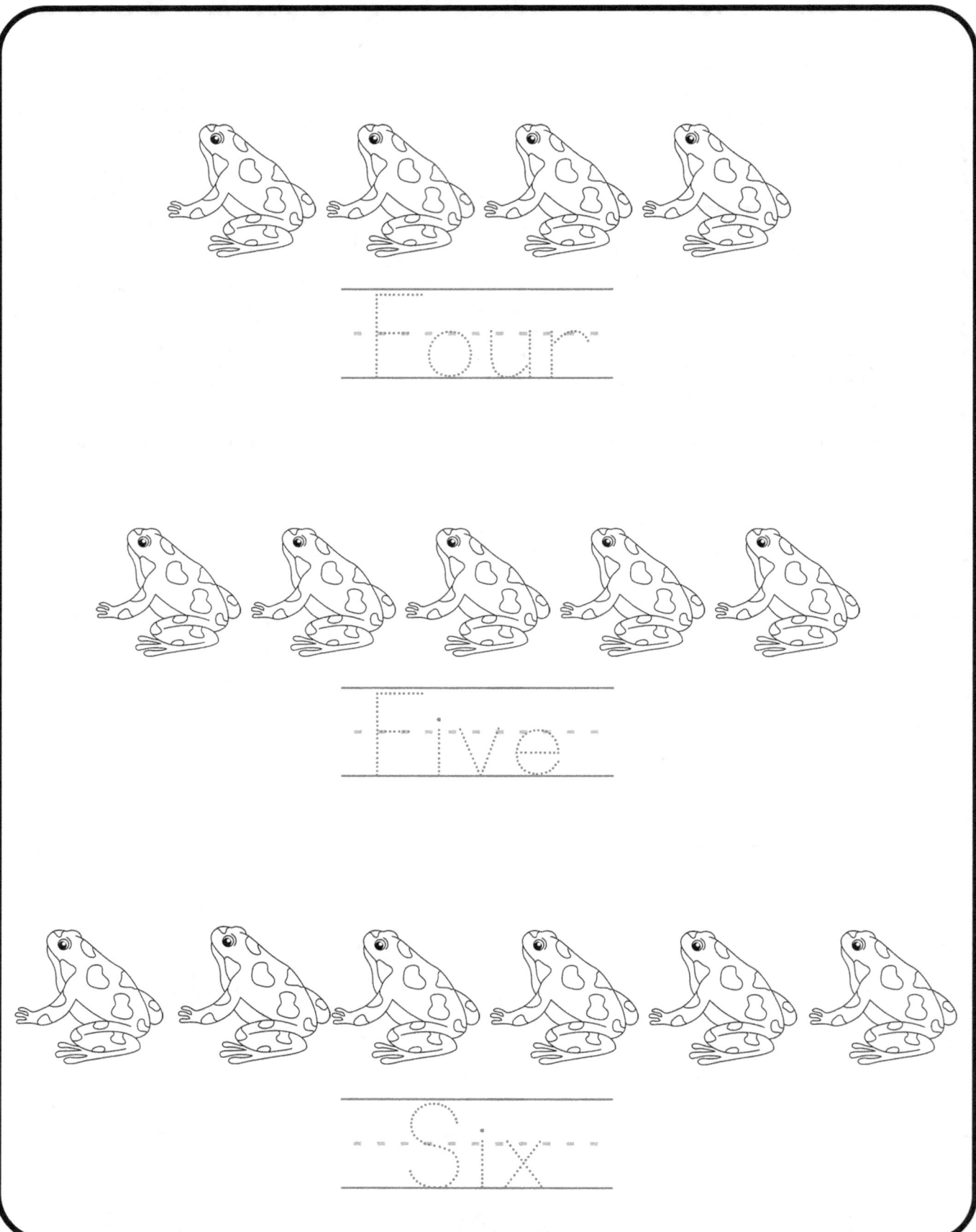

Four

Five

Six

Frog

Ff Ff Ff Ff Ff Ff Ff Ff Ff

f f f f f f f f f

The frog eats bugs

F F F F F F F F F

Frogs eat bugs

Count the goats. Trace the letters to write numbers.

Goat

Gg Gg Gg Gg Gg

g g g g g g g g g

The goat has horns.

G G G G G G G G G

Goats have horns.

Count the hippos. Trace the letters to write numbers.

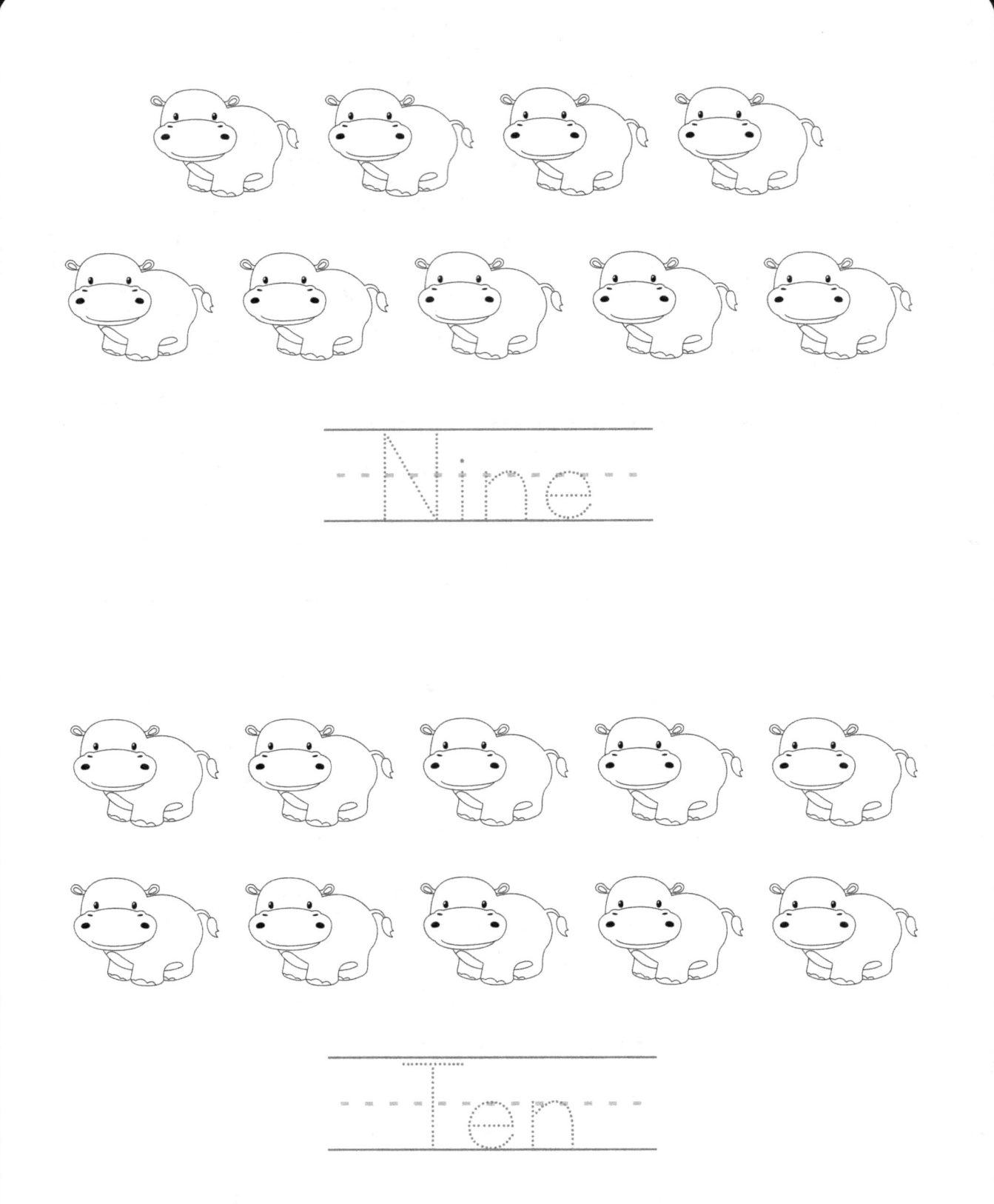

Nine

Ten

Hippo

Hh Hh Hh Hh Hh Hh Hh

h h h h h h h h h

The hippo can swim

H H H H H H H H H

Hippos can swim.

Trace the lines to match the iguanas that are the same.

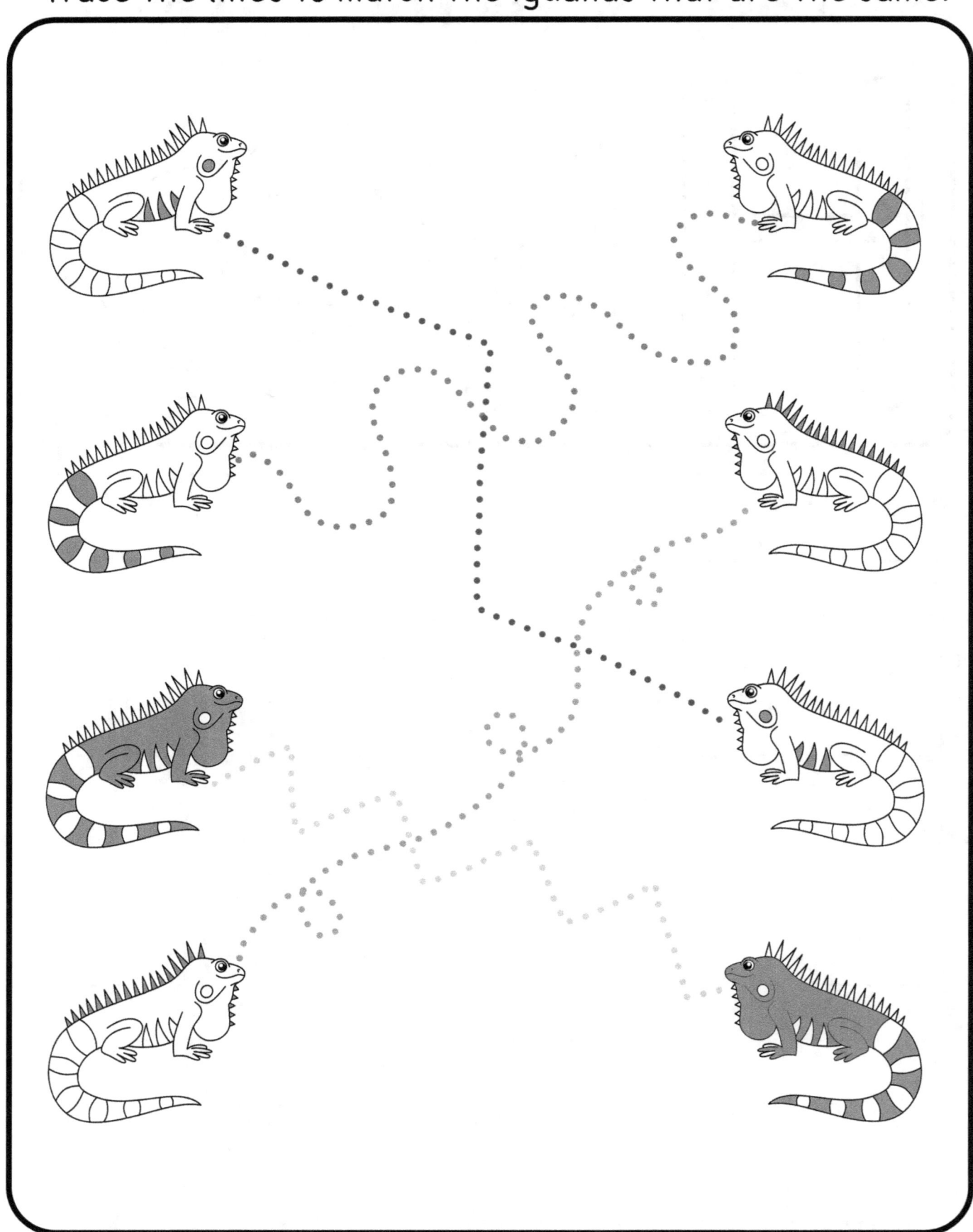

Iguana

Ii Ii Ii Ii Ii Ii Ii Ii Ii

i i i i i i i i i i i i i i i

An iguana is green.

I I I I I I I I

Iguanas are green.

Trace the lines to match the jaguars that are the same.

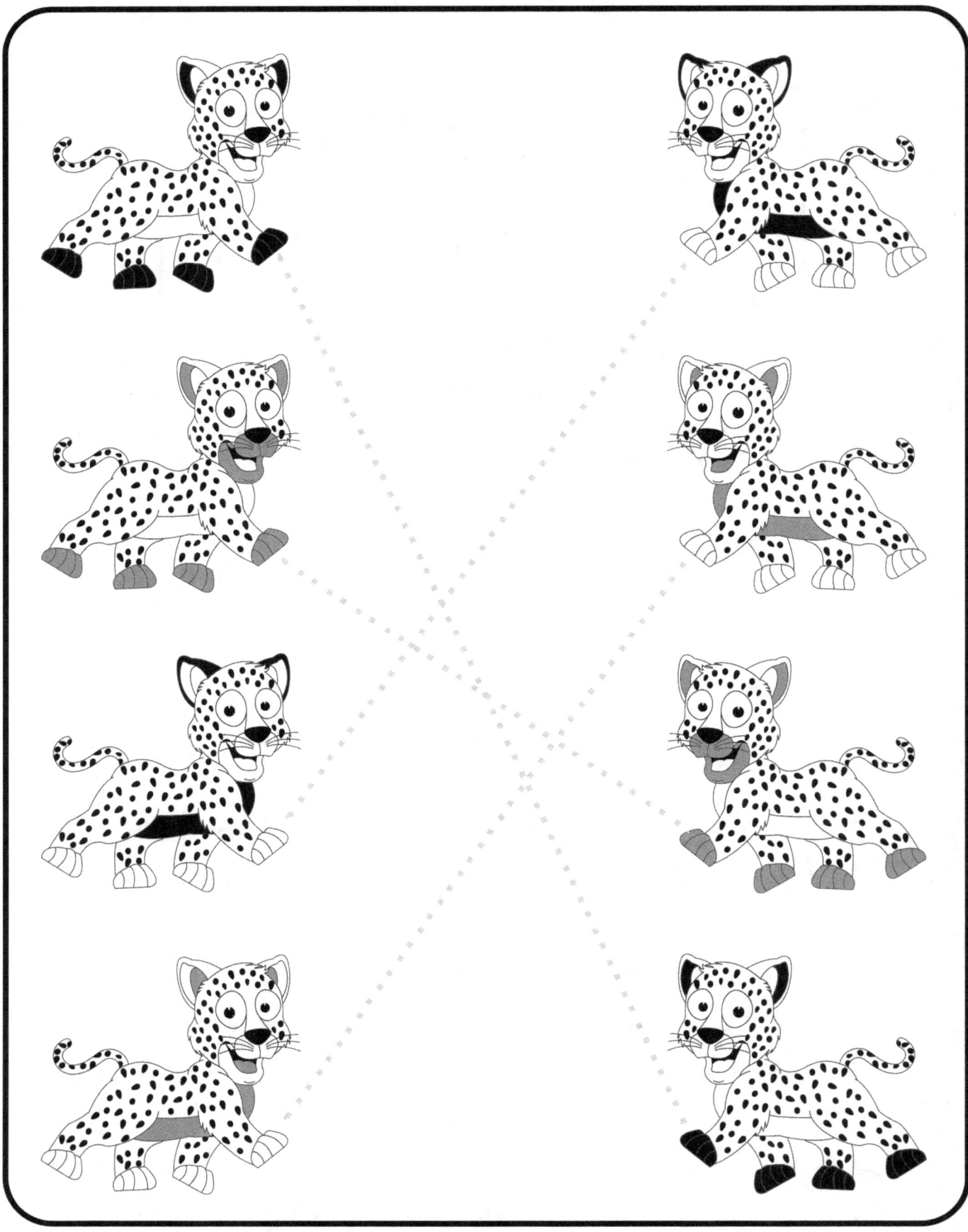

Jaguar

Jj Jj Jj Jj Jj Jj Jj Jj

j j j j j j j j j j

A jaguar has spots

J J J J J J

Jaguars have spots

Trace the dotted lines to draw a koala. Color your art.

Koala

K k K k K k K k K k K k

k k k k k k k k k k k k

A koala likes naps

K k K k K k K k K k K k

Koalas like naps.

Trace the dotted lines to draw a llama. Color your art.

Llama

L l

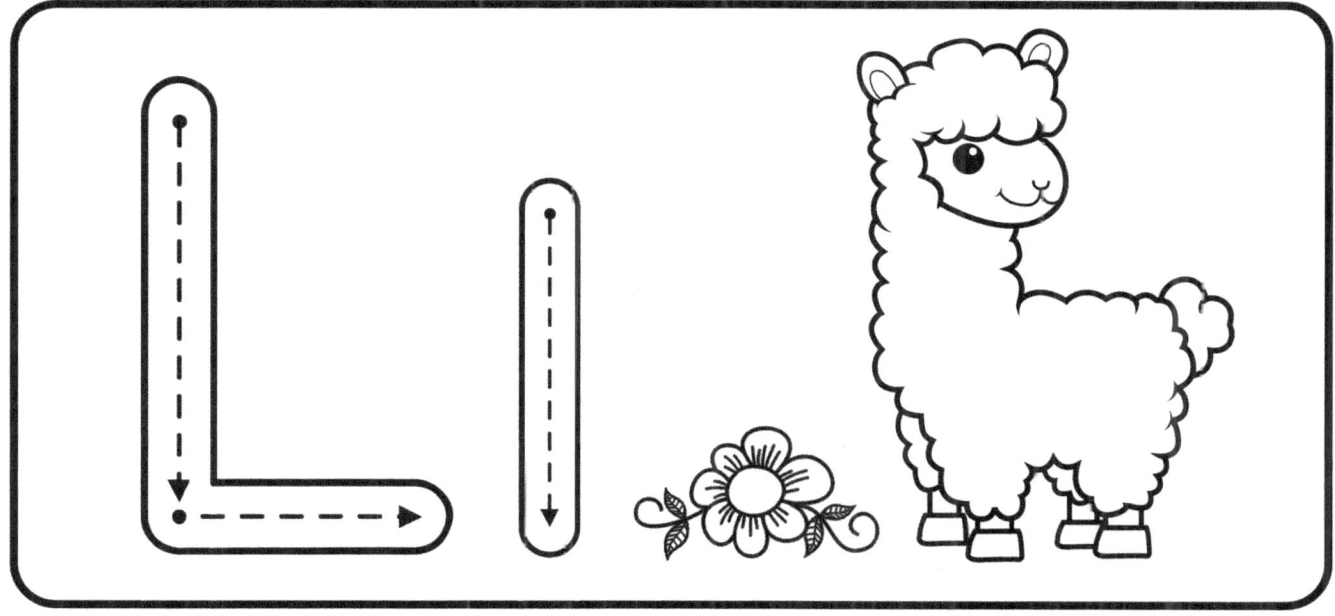

A llama has hooves.

Llamas have hooves.

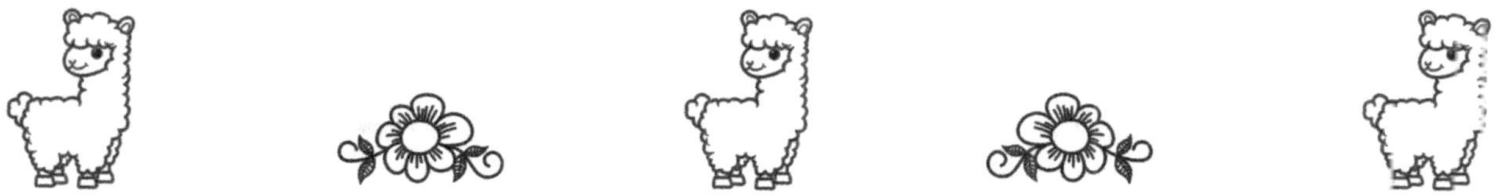

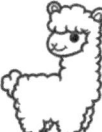

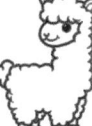

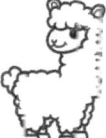

Trace the dotted line to help the monkey get his banana.

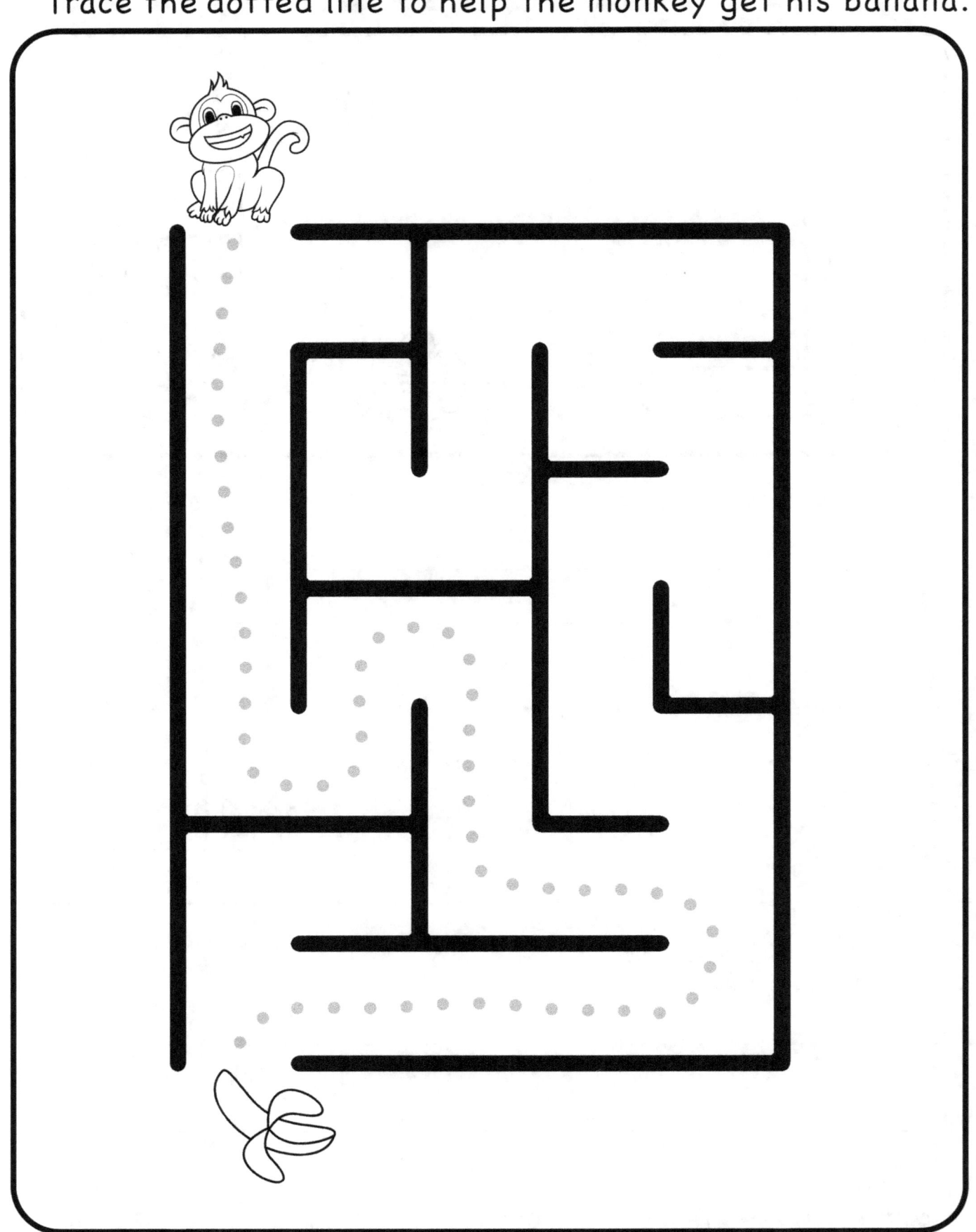

Monkey

Mm Mm Mm Mm

m m m m m m m m

The monkey climbs

M M M M M M M

Monkeys climb

Trace the dotted line to help the narwhal find her baby.

Narwhal

Nn Nn Nn Nn Nn Nn

n n n n n n n n

A narwhal has a tusk

N N N N N N N N N N

Narwhals have tusks

Draw a line through the maze to help the otter swim to a fish.

Otter

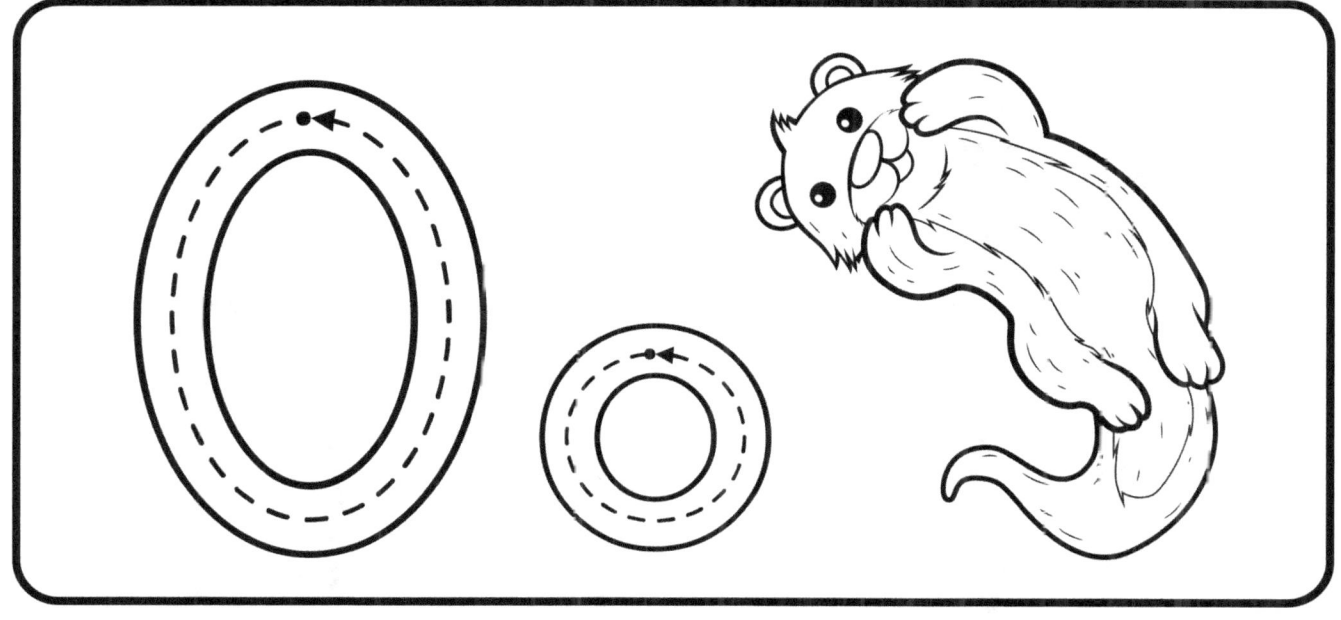

Oo Oo Oo Oo Oo Oo Oo

o o o o o o o o o o o

The otter eats fish.

O O O O O O O O O

Otters eat fish.

Draw a line through the maze to help the panda find the bamboo.

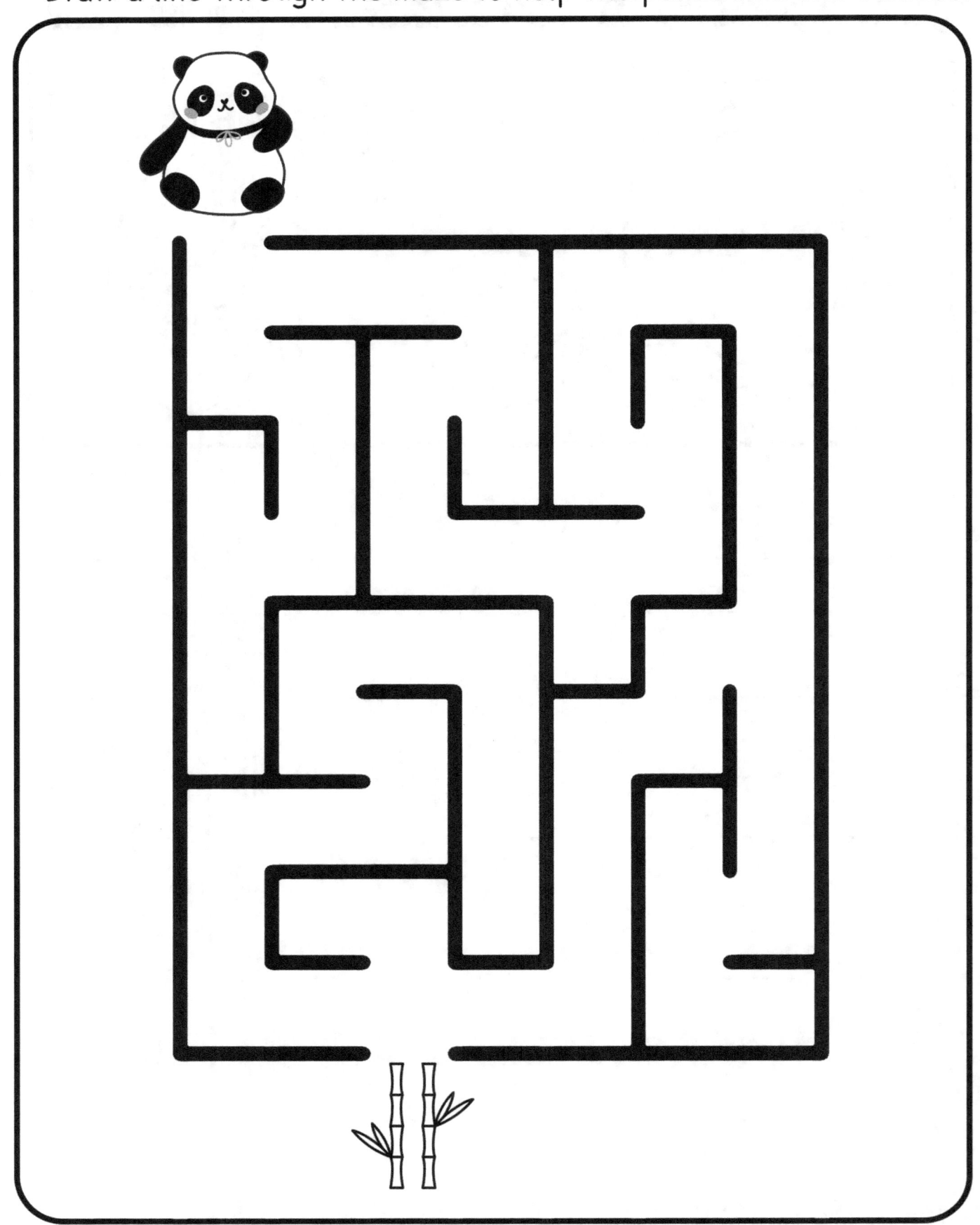

Panda

Pp Pp Pp Pp Pp Pp

p p p p p p p

A panda eats bamboo

P P P P P P

Pandas eat bamboo

Trace the dotted lines to circle the words 'quail' and 'small.'

Quail and Small

E U O N U Z Z B

G S U S M A L L

Q F P C W W D Z

O U I G M C M Q

M C A E S Z U N

G L I I G X Z D

S T C Y L F L I

Q T Z M Z L L Z

QUAIL   SMALL

Quail

Qq Qq Qq Qq Qq Qq

q q q q q q q q q q q

The quail is small.

Q Q Q Q Q Q Q

Quail are small.

Trace the dotted lines to circle the words 'rhino' and 'horns.'

 **Rhino and Horns**

W T D T T X Q U

V N L D H E J Y

F H F C W J H J

Q O R H I N O O

M R N N K G X R

E N P Q H N F I

K S I J N G F G

T D H M G P M L

HORNS   RHINO

Rhino

Rr Rr Rr Rr Rr Rr

r r r r r r r r r r

A rhino has horns

R R R R R R R R R

Rhinos have horns

Find and circle the words 'sloth,' 'nap' and 'tree.'

Sloth, Nap and Tree

Q	D	I	A	J	X	L	R
X	M	P	V	Z	A	D	D
G	G	T	N	A	P	I	X
K	R	G	R	F	P	A	F
V	E	L	L	E	U	I	C
G	L	W	F	E	E	Q	H
S	L	O	T	H	X	W	U
U	I	Q	C	P	U	R	A

NAP   SLOTH

TREE

Sloth

Ss Ss Ss Ss Ss

s s s s s s s s s s

A sloth naps in a tree

S S S S S S S S

Sloths nap in trees

Find and circle the words 'tiger,' 'tigers,' 'stripe' and 'stripes.'

 **Tiger, Tigers, Stipe and Stripes**

J	T	T	T	X	H	S	R
N	C	I	M	K	T	O	A
O	U	A	G	V	C	N	S
A	T	E	T	E	X	M	T
Y	N	D	C	H	R	J	R
Y	Z	P	T	L	B	S	I
L	T	I	G	E	R	X	P
S	T	R	I	P	E	S	E

STRIPE   STRIPES

TIGER   TIGERS

Tiger

The tiger has stripes.

Tigers have stripes.

Find and circle the words shown at the bottom of the puzzle.

My Uakari Puzzle

T	C	I	N	V	C	W	B
U	M	U	A	K	A	R	I
A	O	O	Y	D	C	F	C
K	N	I	N	V	C	A	O
A	K	R	A	K	B	H	G
R	E	K	T	S	E	E	C
I	Y	X	U	H	Y	Y	W
S	B	M	L	E	Q	Y	S

MONKEY   MONKEYS
UAKARI   UAKARIS

Uakari

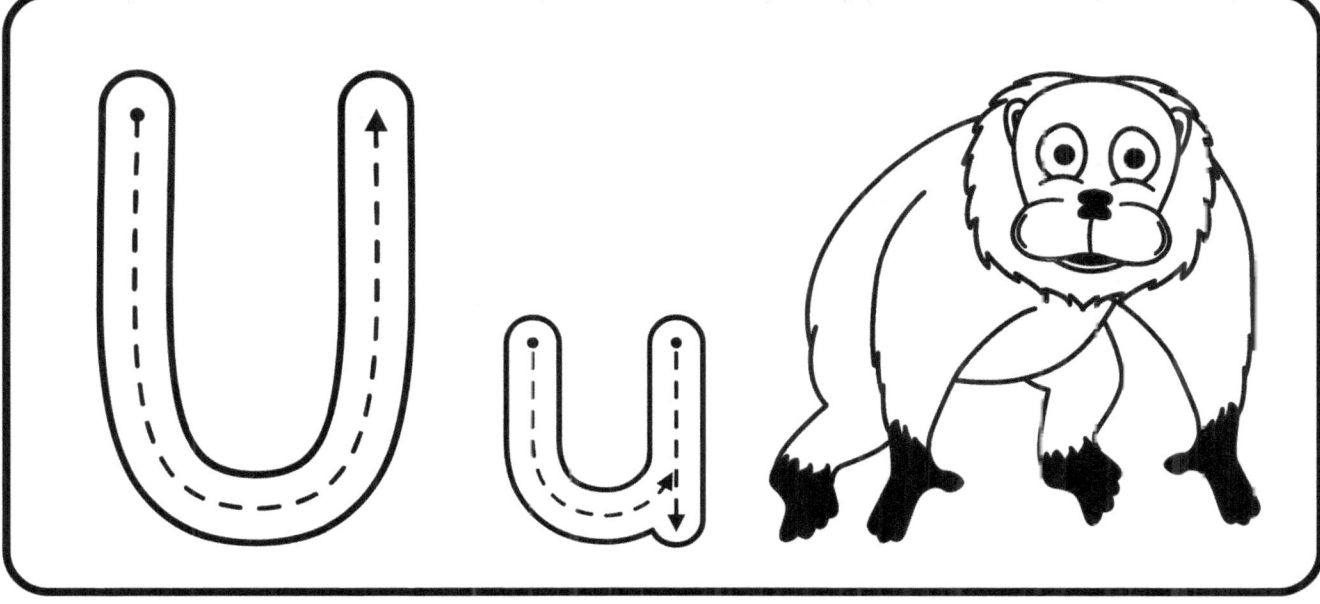

U u

Uu Uu Uu Uu Uu Uu

u u u u u u u

A uakari is a monkey

U U U U U U U

Uakaris are monkeys

Find and circle the words shown at the bottom of the puzzle.

My Vulture Puzzle

F	T	K	Q	R	F	U	H
Y	A	O	U	Y	V	A	V
V	U	L	T	U	R	E	P
H	E	I	V	G	K	Q	A
S	A	D	M	E	A	T	D
I	T	A	A	F	T	S	Q
V	U	L	T	U	R	E	S
S	K	Z	V	S	P	M	C

EAT   MEAT

VULTURE   VULTURES

Vulture

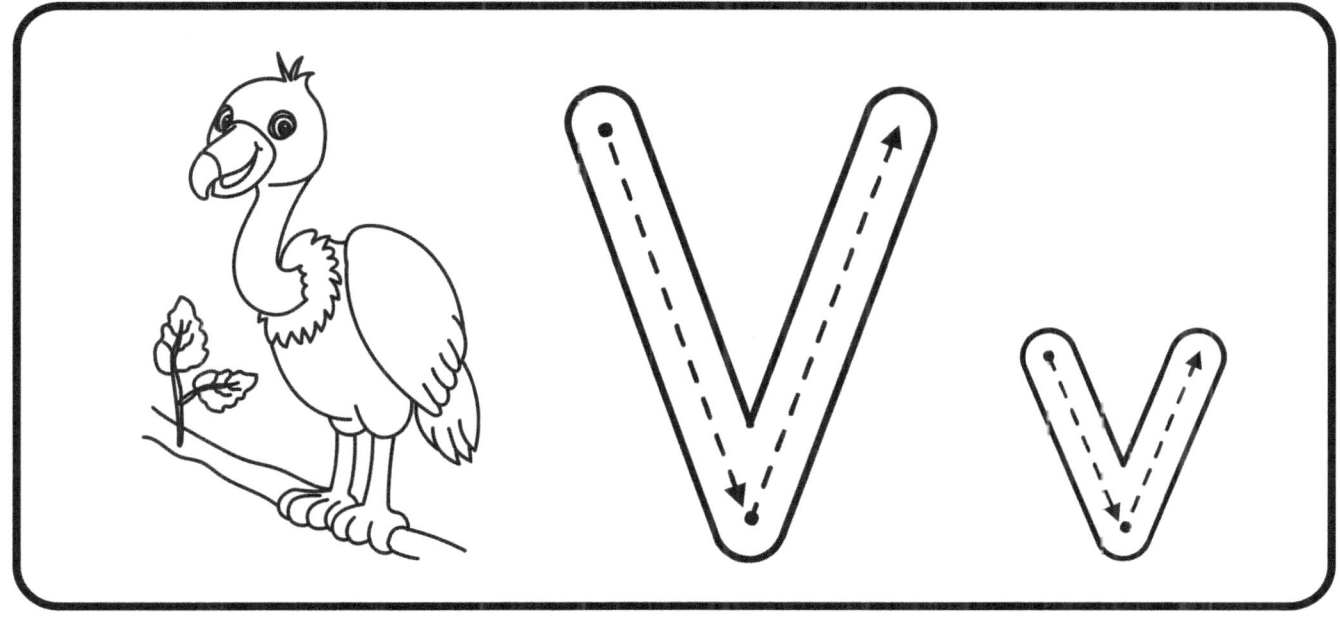

Vv Vv Vv Vv Vv

v v v v v v v v v

A vulture eats meat

V V V V V V V V

Vultures eat meat

Trace the letters to write the word. Write in the missing letters.

w lf

w lf s

H wl

h wl ng

Wolf

Ww Ww Ww Ww

w w w w w w w

The wolf is howling

W W W W W W

Wolves are howling

Trace the letters to write the word. Write in the missing letters.

Name

x m s

Bird

b r s

S a

Xeme

Xx Xx Xx Xx Xx Xx

x x x x x x x x x

A xeme is a sea bird.

X X X X X X X X

Xemes are sea birds.

Write in each word shown below by its number across or down.

My Yak Crossword

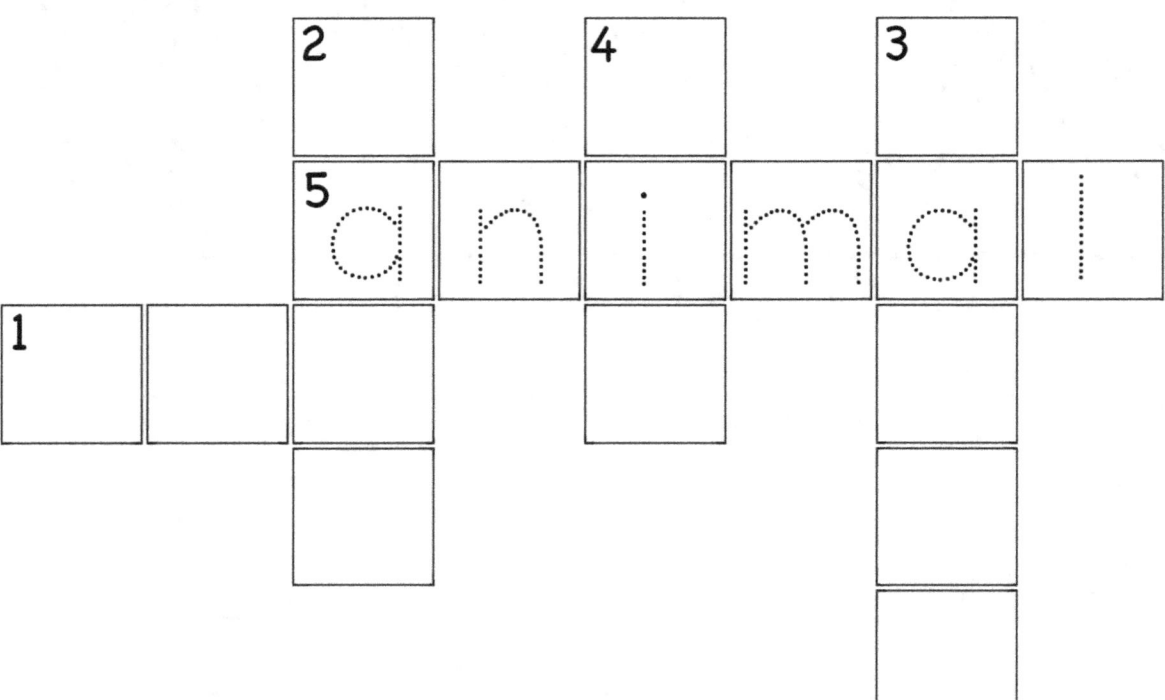

2 **4** **3**

5 animal

1

Across
[1] yak
[5] animal

Down
[2] yaks
[3] hairy
[4] big

Yak

Y y - Y y - Y y - Y y - Y y - Y y

y - y - y - y - y - y - y - y - y - y

This yak is hairy

Y - Y - Y - Y - Y - Y - Y - Y - Y - Y

Yaks are hairy.

Write in each word shown below by its number across or down.

My Zebra Crossword

4 a n i m a l

Across
[1] zebra
[2] zebras
[4] animal

Down
[3] africa
[5] stripes

Zebra

Z Z Z Z Z Z Z Z Z Z Z Z

Z Z Z Z Z Z Z Z Z Z Z Z

A zebra lives in Africa

Z Z Z Z Z Z Z Z Z Z Z Z

Zebras live in Africa

Horses

Zero horses

Can you draw a horse?

Zero

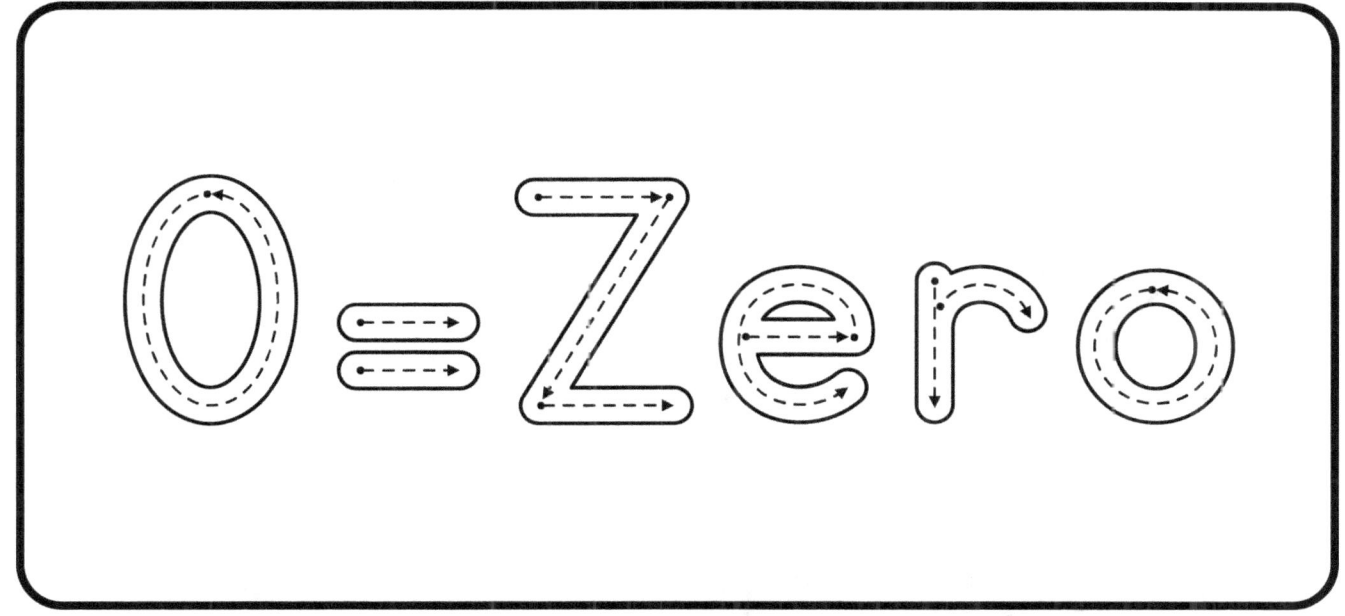

0=Zero

0 0 0 0 0 0 0 0

zero zero zero

Zero Zero Zero

I see zero horses.

I see zero horses.

Fox

One fox

One

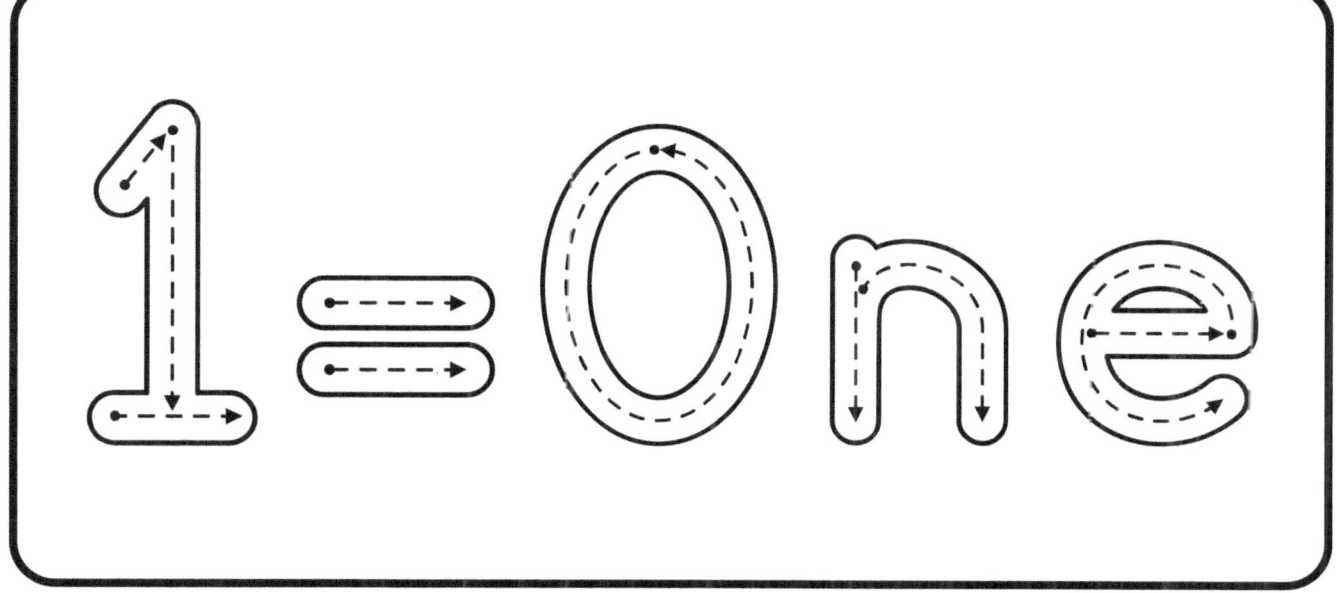

1 1 1 1 1 1 1 1 1 1 1 1 1

one one one one one

One One One One

I see one fox

I see one fox

Turtles

Two turtles

Two

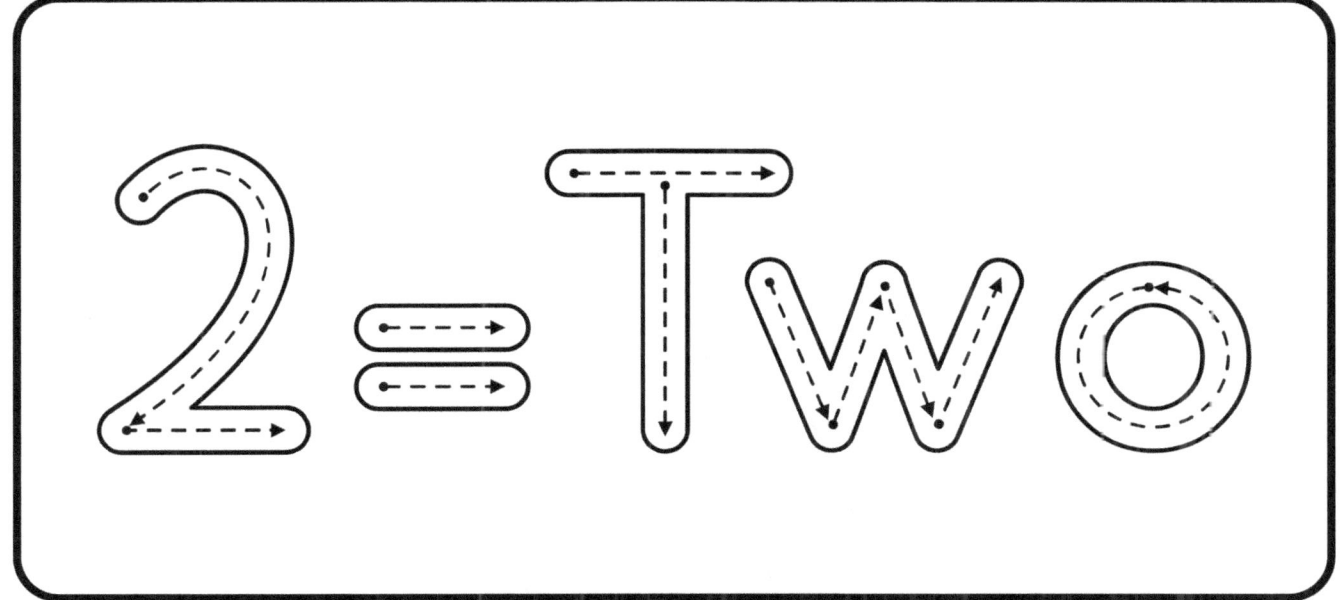

2 2 2 2 2 2 2

two two two two

Two Two Two Two

I see two turtles.

I see two turtles.

Snakes

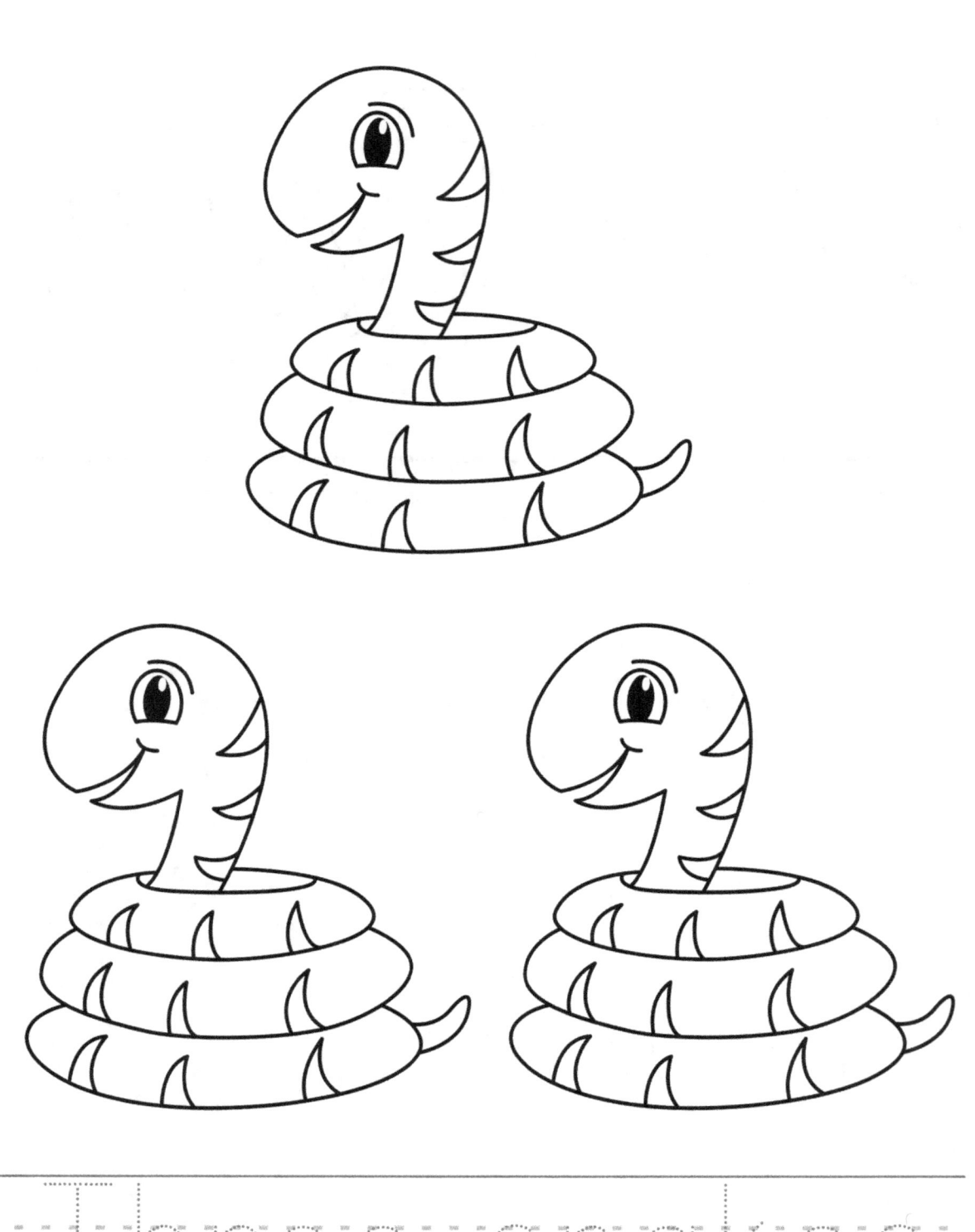

Three snakes

Three

3 3 3 3 3 3 3

three three three

Three Three Three

I see three snakes.

I see three snakes.

Elk

Four elk

Four

4 4 4 4 4 4 4 4 4

four four four four

Four Four Four

There are four elk.

There are four elk.

Giraffe

Five giraffes

Five

5 5 5 5 5 5 5 5

five five five five

Five Five Five Five

I count five giraffes

I count five giraffes

Snails

Six snails

Six

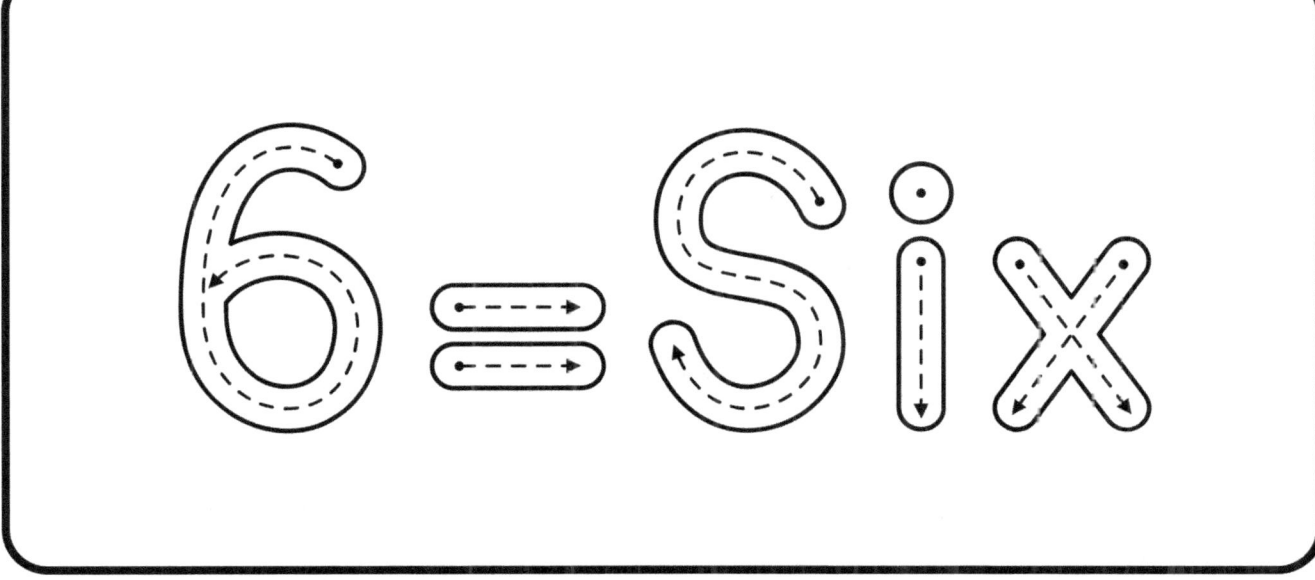

6 6 6 6 6 6 6 6 6 6 6

six six six six six

Six Six Six Six Six

There are six snails.

There are six snails.

Fish

Seven fish

Seven

7 7 7 7 7 7 7 7

seven seven seven

Seven Seven Seven

I count seven fish.

I count seven fish.

Ducks

Eight ducks

Eight

8 8 8 8 8 8 8 8

eight eight eight

Eight Eight Eight

There are eight ducks

There are eight ducks

Sharks

Nine sharks

Nine

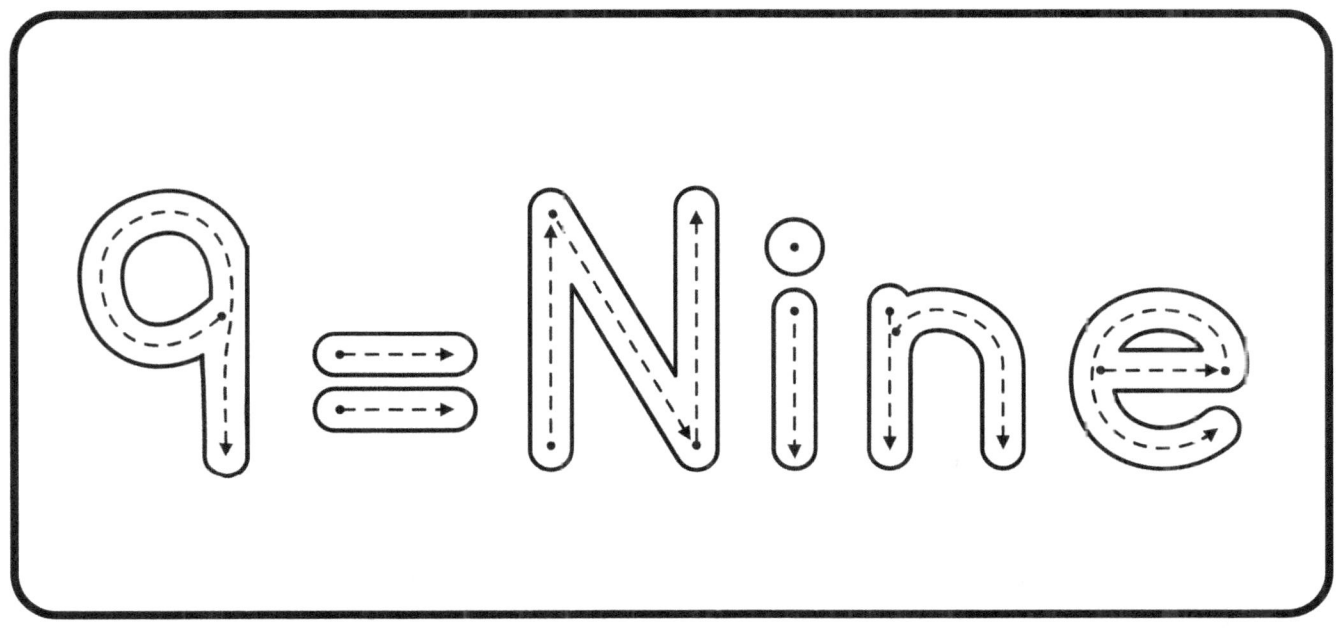

q q q q q q q q q

nine nine nine nine nine

Nine Nine Nine Nine

I count nine sharks.

I count nine sharks

Racoons

Ten racoons

Ten

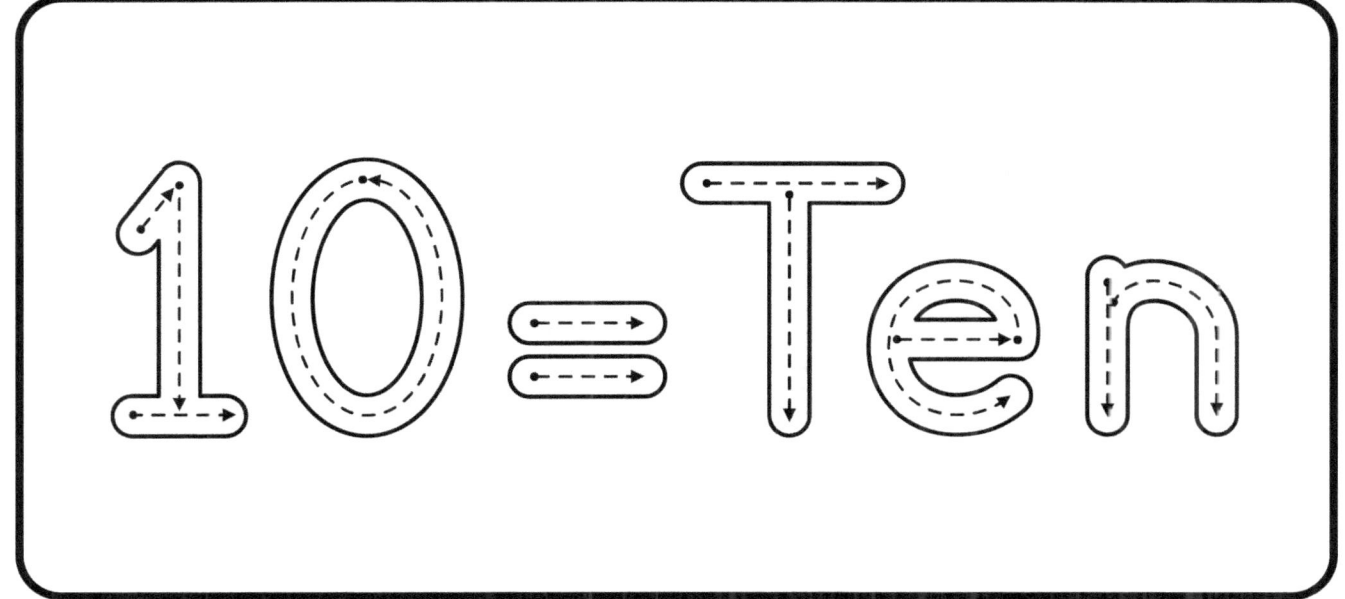

10 10 10 10 10 10 10 10 10 10

ten ten ten ten ten ten

Ten Ten Ten Ten

I count ten racoons.

I count ten racoons.